Alain-Fidèle Mansiantima Miankenda

Écoute l'âme qui pleure...

Alain-Fidèle Mansiantima Miankenda

Écoute l'âme qui pleure...

Oser aimer, vivre ensemble

Éditions Croix du Salut

Impressum / Mentions légales
Bibliografische Information der Deutschen Nationalbibliothek: Die Deutsche Nationalbibliothek verzeichnet diese Publikation in der Deutschen Nationalbibliografie; detaillierte bibliografische Daten sind im Internet über http://dnb.d-nb.de abrufbar.
Alle in diesem Buch genannten Marken und Produktnamen unterliegen warenzeichen-, marken- oder patentrechtlichem Schutz bzw. sind Warenzeichen oder eingetragene Warenzeichen der jeweiligen Inhaber. Die Wiedergabe von Marken, Produktnamen, Gebrauchsnamen, Handelsnamen, Warenbezeichnungen u.s.w. in diesem Werk berechtigt auch ohne besondere Kennzeichnung nicht zu der Annahme, dass solche Namen im Sinne der Warenzeichen- und Markenschutzgesetzgebung als frei zu betrachten wären und daher von jedermann benutzt werden dürften.

Information bibliographique publiée par la Deutsche Nationalbibliothek: La Deutsche Nationalbibliothek inscrit cette publication à la Deutsche Nationalbibliografie; des données bibliographiques détaillées sont disponibles sur internet à l'adresse http://dnb.d-nb.de.
Toutes marques et noms de produits mentionnés dans ce livre demeurent sous la protection des marques, des marques déposées et des brevets, et sont des marques ou des marques déposées de leurs détenteurs respectifs. L'utilisation des marques, noms de produits, noms communs, noms commerciaux, descriptions de produits, etc, même sans qu'ils soient mentionnés de façon particulière dans ce livre ne signifie en aucune façon que ces noms peuvent être utilisés sans restriction à l'égard de la législation pour la protection des marques et des marques déposées et pourraient donc être utilisés par quiconque.

Coverbild / Photo de couverture: www.ingimage.com

Verlag / Editeur:
Éditions Croix du Salut
ist ein Imprint der / est une marque déposée de
OmniScriptum GmbH & Co. KG
Heinrich-Böcking-Str. 6-8, 66121 Saarbrücken, Deutschland / Allemagne
Email: info@editions-croix.com

Herstellung: siehe letzte Seite /
Impression: voir la dernière page
ISBN: 978-3-8416-1971-6

Alain-Fidèle
MANSIANTIMA MIANKENDA

ECOUTE L'AME
QUI PLEURE…

Oser aimer, vivre ensemble

L'humanisme, ce n'est pas de dire :
ce que j'ai fait, aucun animal ne l'aurait fait.
C'est de dire : J'ai refusé ce que voulait en moi la bête
et suis devenu homme sans le concours des dieux.

André Malraux

INTRODUCTION

Écoute l'âme qui pleure… L'âme de mon prochain pleure : celle de mon père, de ma mère, de mon frère, de ma sœur, de mon oncle, de ma tante, de mon grand-père, de ma grand-mère, etc. Cette âme qui pleure, ne l'entendons-nous pas ? Ça fait longtemps qu'elle pleure ! Chers voisins, chers collègues, chers camarades, Chers passants, une âme en pleurs, rien à faire pour elle ?

Mais pourquoi cette âme pleure-t-elle ? Parce que déçue, violentée, dévalorisée, marginalisée, outragée, coincée par les circonstances, harcelées par des situations intenables, … Elle ne tient plus, elle cède, point final.

En lieu et place de la paix, l'angoisse règne. Et toi vilaine angoisse, qui es-tu ? Angoisse d'un monde établi qui s'écroule, angoisse devant l'irruption d'interrogations nouvelles, angoisse devant des supports, des soutiens devenus douteux… L'angoisse chapeaute… Pas de paix, pas de repos…

Et l'ambivalence « amour-haine » emprisonne les esprits au point où le pôle solidaire s'écrase. C'est plutôt le pôle antisocial, égoïste, narcissique, sadique, qui mène le combat sans challenger redoutable. Et chacun finit par être un étranger pour l'autre. L'homme devient loup pour son prochain. Sommes-nous réellement ensemble sur cette planète terre ?
La haine, la violence, le silence éloquent – volcanique, n'engendrent que mépris, clivage, démembrement, lutte armée ou guerre civile.

En outre, le dialogue et la mise en commun des différences (communication) étant en voyage, nos foyers, entreprises, institutions et nations sont une porte ouverte aux sacrifices des vies humaines, des innocents pour la plupart. Mais, posons ces quelques questions de manière succincte :

Jusqu'à quand l'âme va-t-elle pleurer ?
Jusqu'à quand la théorie du bouc-émissaire va-t-elle prévaloir ? - Sans oublier l'incidence des complexes de castration et de Caïn ?
Dans tous ces cas, le plus fort dominant toujours sur le plus faible.

Parlant des pulsions internes menaçant la sécurité de l'individu et provoquant l'angoisse, le culturalisme suggère que ces pulsions sont en grande partie des forces créées par les contraintes culturelles[1].

A cet effet, comment l'âme pourrait-elle rire ou festoyer dans un milieu où sévit la violence physique, sexuel ou psychologique[2] ? Au contraire !

Ecoute l'âme qui pleure... Oser aimer, vivre ensemble.
C'est en quelque sorte « une recueil thérapeutique », une compilation, un fourretout des cris du cœur et de l'âme. Un guide de poèmes et de textes prosaïques thérapeutiques, trente-six au total, faisant échos non seulement des problèmes posés par la société, mais soulignant aussi le moyen d'en sortir.

Le contenu de ces écrits laisse grandement la porte ouverte à l'âme pleurant de faire entendre sa voix sans restriction, de faire entendre son message comme le battement de son cœur angoissé lui pousse au gré des vagues, tout en espérant trouver un pêcheur-sauveur en aval. Un message brut, un « no comment » à proprement parler où sentiments, chagrins, remords, toutes les émotions sont imbriquées pour être plus précis, plus près, ici-maintenant, dans ce temps présent, dans ce système cosmopolite pas ailleurs.

Pour ce faire, le présent outil apporte un message au monde entier, pas seulement pour l'Afrique, car les mêmes problèmes sont vécus dans la vie, au quotidien, ci et là

---

1 HUISMAN, D. et al., *Psychanalyse et Psychologie médicale*, Fernand Nathan, Paris, 1972, p.365a.

2 Dans « *Le rapport mondial sur la violence et la santé* » l'Organisation mondiale de la Santé définit la violence comme : la menace ou l'utilisation intentionnelle de la force physique ou du pouvoir contre soi-même,
contre autrui ou contre un groupe ou une communauté qui entraîne ou risque fortement d'entraîner un traumatisme, un décès, des dommages psychologiques, un mal développement ou des privations.

Elle énumère trois grandes catégories correspondant aux caractéristiques de ceux qui commettent l'acte violent :
- La violence auto-infligée ;
- la violence interpersonnelle ou dirigée contre autrui ;
- la violence collective.

Selon la nature des actes violents, ils peuvent être
- physiques ;
- sexuels ;
- psychologiques ;
- et comporter privations et négligence.

KRUG, E-G. et al., Genève, OMS, 2002, pp 29-31.

moyennant, bien sûr, quelques colorations culturelles, environnementales et raciales. Des sujets qui perturbent le bien-être moral et social, par conséquent, sapant le bonheur, l'harmonie et la paix.

A cet effet, l'information est présentée en quatre parties qui couvrent les sujets suivants :

1. Cris de la femme…
2. Prières secrètes de l'enfant…
3. Cris de l'orphelin de la rue…
4. Cris du réfugié…

Chacune des parties ayant son contenu, sans pourtant se désolidariser du reste, donne une harmonie « au rythme de la musique mélancolique ». Elles ne se dissocient pas, plutôt s'enchevêtrent et chaque partie prépare une autre. En outre, chacune donne l'avantage de commencer la méditation au choix, selon le vouloir du lecteur.

Et à la fin, le vieillard, l'ancêtre se prononce dans une conclusion en termes de « conseil-action » pour un « statisme antisocial, égoïste et appauvrissant » à bannir et une « reconstruction » solidaire, communautaire et sociale à entreprendre.

Dans l'espoir que cet outil stimulera le débat au niveau local, national et international et qu'il servira de point d'ancrage pour de nouvelles mesures d'un vécu équilibré, ouvert à tous.

Que décideurs, chercheurs, intervenants, groupes de sensibilisation, bref, humanitaires s'en servent richement !

Du reste, fermons la boucle avec ce propos de Nelson MANDELA : « Nous devons à nos enfants, qui sont les membres les plus vulnérables de toute société, une vie sans peur et sans violence. Nous devons donc ne jamais relâcher nos efforts pour instaurer la paix, la justice et la prospérité non seulement dans nos pays, mais aussi dans nos communautés et au sein de nos familles. Nous devons nous attaquer aux causes de la violence. Alors seulement, nous pourrons transformer l'héritage du siècle passé et faire d'un fardeau écrasant une leçon de prudence[3] ».

---

[3] KRUG, E-G. et al., op.cit

Ecoute l'âme qui pleure… Ecoute… N'entends-tu pas ? Ecoute… allons à son secours pour l'agrandir…

Excellente lecture et méditation !

Cris de la femme…

« Monde, ouvre tes oreilles et entends ! »

« Quand sera brisé l'infini servage de la femme,
Quand elle vivra pour elle et par elle… elle sera poète, elle aussi ! »

Rimbaud

INTRODUCTION

La femme, joyau de tous les temps !
Toujours à côté de l'homme pour une nette complémentarité. Elle lui est une « aide semblable », pas une « esclave » - pour vivre dans la servitude !

La femme. Un château fort !
Un château fort ou un labyrinthe par où entrent ceux qui veulent faire une expérience vitale, et d'où sortent ceux qui ont été déçus, n'ayant pas trouvé leurs comptes. Vont-ils tenter une autre expérience ? Probablement !
Dans cet édifice, les uns réussissent, les autres, par contre, échouent.
La femme, un « océan »…

La femme. C'est aussi un monde magique aimanté. Elle séduit et attire : « Sa magie est sans pareille, mille hommes se sont trompés pour une femme ».
Mais paradoxalement, ce monde attirant se trouve aussi attiré, séduit, et la plupart des cas, subit des revers… qui la font crier.

Nous pouvons multiplier des métaphores autour de la femme…

« Cris de la femme ».
Ces textes se passent de tout commentaire de l'auteur. Il désire présenter un message « frais », « naturel », « pur », « original ».
Il laisse parler la femme afin de faire entendre son « ressentiment », mais aussi faire voir son « retentissement » par rapport à son savoir-être, vivre et devenir.

A travers huit textes poétiques, la femme invite son auditeur ou auditrice à « consommer » puis à « digérer » ses cris, peines et déboires. Cela pour une auto-analyse débouchant à un psychodiagnostic individuel, et certainement à une psychothérapie appropriée.
Au final, cette thérapie consistera à créer un environnement mental sain, une écologie relationnelle harmonieuse, vivante et vivifiante.

Pour ce faire, les huit textes poétiques sont ainsi nommés :

    1. Moi, femme…

2. *Une concession à la lune...*
3. *Il me prend pour son jardin*
4. *Si je savais...*
5. *Ensemble, à cause des enfants*
6. *Supplication d'une femme à son mari*
7. *Monde, entends mon cri !*
8. *Conseil d'une femme à ses enfants*

Du reste, « la femme est aussi un être humain ». Pouvons-nous l'écouter attentivement, l'aider et l'aimer comme nous-mêmes ? Vie et paix aux pauvres femmes !

Excellente lecture et méditation !

MOI, FEMME…

Moi, femme… Je m'appelle Marie,
Pour plaire à tous, surtout à mon mari.
Tendre, je ne fais rien sans que je ne souris ;
En beauté, bonté et grâce, Dieu m'a nourri.

Sans moi, l'homme est incomplet,
Comme un refrain sans couplets.
Grâce à moi, l'enfant est digne d'être contemplé,
Et par mes soins, il vit des années centuplées.

Hélas ! Jour après jour l'homme m'agresse,
Me violente et m'outrage sans cesse.
Il oublie que je suis presqu'une princesse,
Même jusqu'à la vieillesse !

O homme, juste un peu d'égard !
O homme, juste un tendre regard !
O homme, halte à tes sentiments bizarres,
O homme, juste un amour vrai, sincère et non du hasard !⁴

UNE CONCESSION A LA LUNE…

Avant notre mariage, c'était le ciel sur la terre,
Le soleil s'arrêtait – amour sans frontières,
La nuit n'existait pas – l'âge de la lumière,
Et le temps n'avait pas d'âge – infinie carrière.

Couple habitant la lune ?

J'étais d'une beauté magique,
Pathétique…
Musique suave – frénétique,

---

4 Tiré de notre brochure « Terre ! Terre ! Terre ! Reviens au Seigneur ! L'arrogance, l'orgueil précèdent la chute.

Miss convoitée, angélique…

Véritable extraterrestre !

Et l'amour… envoûtant, plus qu'alcoolique,
Riche en œuvres, peu de mots – laconique,
Romantique, fantasmagorique – paradisiaque,
Amour sans précédent, unique – dionysiaque.

Mais…

Mariés, chez lui, c'est la saison dévalorisante,
La caricature déshumanisante,
La voiture fumante,
La mode dépassée, époustouflante.

Une chipie d'enfer ?

Usage unique,
Race diabolique,
Esprit démoniaque,
Chimérique…

« Vierge Marie » ou « verge de fer » ?

Vile, alarme tapageuse,
Répugnante - maladie contagieuse,
Pluie torrentielle, ravageuse,
Prudence, car dangereuse !

Parcelle à vendre sous terre ?

O homme, quelle ambivalence !
O homme, quel masque d'apparence !
Où est passée notre alliance ?
Et notre prodigieuse ambiance ?

Adieu les romances ?

Tu m'as fané – ancienne ville,
Tu as négligé ta parcelle,
Pleine de poubelles,
Et tu m'appelles pluie torrentielle ?

Vase brisé, conservera-t-il son miel ?

Fais-toi un monde à toi seul,
Sans femme, beauté universelle.
Ingrat, sans cœur paternel,
Et sans mémoire référentielle !

Sans saveur, ne parle pas de sel !

« Méfions-nous, chères amies femmes, des illusions, du monde virtuel, imaginaire, irréel. Préférons le monde réel, objectif, le vrai, le permanent et durable ! »

IL ME PREND POUR SON JARDIN...

« Chouette ! Mon jardin chèrement acquis,
O sublime beauté !
Incomparable.
Fleurs rares, importées...
Jamais égalées – défiées par qui ?

Terrain bien préparé chaque nuit,
Désherbé, labouré, hersé,
Fertile.
Plante à bercer,
Quand tout son corps s'évanouit.

Il est temps de semer
Les grains humains,
Vivants,
Aujourd'hui pas demain.
Que la pluie fasse germer ! »

Satisfait, il quitte le terrain,
Sans mon avis,
Egoïste !
Expérience sans vie,
Dois-je l'accuser chez les parrains ?

Pas de temps pour arroser,
Ni pour sarcler...
Paresseux !
Rejette cette clé !...
Et il déteste la rosée !...

Si les fleurs se fanaient !
Oser les regretter ?
Irresponsable !
Vas-tu douter
Du jardin et grains profanés ?

Il me prend pour son jardin,
Pourtant le néglige...
Piètre...
Que des litiges !
Omnipotent, narcissique, lâche et badin !

O homme, c'est ça aimer ?
Quel plaisir d'aimer ?
Frigidité...
Tout sentiment gommé,
Tout orgasme interrompu – suis diffamée !

Le jardin aussi veut vivre,
Pour mieux produire !
Evidemment !
Surtout bien conduire,
Et la musique doit suivre !

O homme, entend ma plainte !
Mon profond cri :

Assoiffée !
La femme écrit…
Que générations à venir chantent !

SI JE SAVAIS…

Chers ainés, dites-moi :
« Qu'est-ce que le mariage ? »
Ne tardez pas, sauvez-moi !
Aïeux, vous qui avaient conclu ce mariage,
Quel conflit dans mon Moi ?
O maudit clonage !

Votre joie, c'est d'avoir reçu la dot,
Et moi je vis l'enfer…
Vous avez semé en moi les doutes,
Car, je subis la verge de fer.
Votre cupidité vous envoûte,
Au diable vous vous êtes laissés faire !

Mariage de fait, mariage forcé,
Que me procure-t-il de paradisiaque ?
Sans doute, je rêve de divorcer,
Pas de patience aux griffes démoniaques.
L'amour forcé,
Peut-il être aphrodisiaque ?

Vos coutumes m'ont trahi,
Maintenant, je vous lance un défi,
L'homme de votre choix a failli,
Désormais, de lui je me méfie.
Sa façon d'aimer a vieilli,
Croyez-vous que son argent me suffit ?

Je ne peux continuellement vivre dans l'angoisse,
A cause d'un mariage imposé !
A côté de vos coutumes je passe,

Toutes vos amulettes, j'ai déposées,
Vos injonctions, soi-disant conseils je classe,
Car poison – du jus mal dosé !

Je pleure pour ma jeunesse vendue,
Je pleure pour ma vie sapée,
Je pleure pour mon temps perdu,
Je pleure pour ma santé râpée,
Je pleure pour mon estomac tordu,
Je pleure, exposée aux soucis, sans paix !

Si je savais sonder la face cachée,
Si je savais écouter mon for intérieur,
Si je pouvais me considérer au-delà du cachet,
Si je pouvais renverser toutes les barrières,
Si je pouvais recourir à la « Manne cachée »,
Si je pouvais dire « non » aux flatteries prêchées !

Femme, ouvre tes oreilles et entend !
Monde, ouvre tes yeux et vois !
Justice, ouvre tes lois et défend !
Eglise, prêche ces familles qui se fourvoient !
Ecole, enseigne ce que le mariage prétend !
Média, diffuse plus loin le message de cette voix !

« Laissez-moi faire mon choix,
D'épouser l'homme que j'aime,
Au lieu de m'imposer votre noix,
Car dure, c'est la guerre dans l'âme,
Plutôt, accompagnez-moi dans ma voie,
Pour que le bonheur se proclame ».

ENSEMBLE, A CAUSE DES ENFANTS....

Chacun pour soi,
Dieu pour tous !
Que les ténèbres soient,
Car la haine nous pousse !
La méfiance faisant foi,
Le rejet de l'autre nous embrasse.

Ensemble, sans être ensemble,
Mariés, sans que les cœurs battent au même rythme.
Se parlant, sans que les propos s'assemblent,
Dans une même chambre, sans habiter le même isthme.
Se voir, sans que les cœurs ne se comblent,
S'embrasser, sans que les lèvres déclament le même poème.

Ensemble, à cause des enfants,
L'amour a tari,
Plus de traces, mêmes nos rêves d'antan,
Tout est parti – pourri :
Une ville déserte, sans habitants,
Comment gagner le pari ?

Il a peur de divorcer,
Peur d'être étiqueté d'antisocial…
Et chaque jour la solitude se fait bercer,
Sans omettre une hypocrisie cruciale.
Quel schéma pouvons-nous tracer
Pour toute exclusion raciale ?

Nous avons de l'âge,
En principe, nous sommes une référence.
Mais, comment écrire des pages,
Ou animer des conférences
Avec une expérience conjugale rouge,
Sans attirance ?

Du reste, nos enfants ont grandi,

Nous devons être fiers :
Un terrain merveilleusement aplani…
De gros arbres fruitiers…
Mais, du chacun pour soi sa mémoire est farcie,
Enfin de compte, le tonnerre divise en deux le mortier !

« Mon mari », ce sont les enfants,
Lui a démissionné :
Constat malheureux pour les enfants,
C'est la mer morte visionnée,
Un désert sentimental se prolongeant,
Du «chacun pour soi » couronné !

On n'a pas su pourquoi se marier ?
Comment se marier ?
Quand se marier ?
Avec qui se marier ?
Où se marier ?
« Envers et contre tous l'amour demeure, n'osez pas démarier ! »

SUPPLICATION D'UNE FEMME A SON MARI

M'entends-tu quand je pleure,
De douleur jusqu'à mourir ?
M'entends-tu quand je m'écœure,
De notre oasis qui ne fait que tarir ?
M'entends-tu ? M'entends-tu ?
De tous ces pommiers que tu as abattus !

Je gémis, je frémis, je suis finie,
Mais, tu t'endors sans mots – bannie !

Chaque matin, tout le temps,
Me vois-tu dépérir ?
Du naufrage, tu me dis : « va-t'en ! »
Sans souci de ce cœur qui est en train de finir.
Tu t'envoles comme l'oiseau du printemps !

Sans retour, - un match sans mi-temps !

Et cet amour que nous avons fait germer,
Qui va s'en occuper ? Tu as tout gommé !

Ne vois-tu pas que mon mal c'est toi ?
Incompréhensible énigme, tu as changé !
Malgré tout, ma vie c'est toi.
Même si je vis au milieu du danger,
Je reconnais notre serment d'amour engagé
Qui s'étend jusqu'à l'infini – jamais dérangé.

Ces cœurs qui te flattent te trompent,
Jamais familiers à ma trompe !

Quand vas-tu comprendre
Que tout fini par s'arranger ?
Ton cœur, ne peux-tu pas entendre,
Pour tout changer ?
Qu'attends-tu pour sauver ce bateau,
Qui chavire depuis tôt ?

Si tu pars, souviens-toi toujours
Que dans les ténèbres, pénible devient tout secours.

Ton silence éloquent je refuse,
Toute notre histoire tu trahis,
Et la misère dans mon cœur tu diffuses,
Dis-moi à quel point je failli !
Je te promets de m'incliner car je t'aime,
Rends-moi la vie, mon amour te réclame !

Le monde se froisse comme une feuille,
Car un homme me refuse ses merveilles.

Je traverse les rivières,
Jusqu'à la plus haute montagne,
Dépassant pas mal des frontières,

Jusqu'au Madrid, en Espagne,
Te cherchant toujours sans te trouver !
Cet amour, tu n'as pas voulu sauver !

Supplication d'une femme à son mari,
Pour cette oasis d'amour qu'il a tarie.

MONDE, ENTENDS MON CRI !

Pourquoi te sers-tu de ta force physique
Pour me faire comprendre ?
Pourquoi joindre la violence dramatique,
Pour me reprendre ?

« L'os de mes os, chair de ma chair »,
N'est-ce pas un seul corps ?
Pourquoi alors fais-tu mal à ce qui t'est cher ?
Ne crains-tu pas d'abuser ce parfait décor ?

Halte avec tes coups de massue !
Des messages de violence sans nombre !
Des chantages, des menaces aussi.
Compagnon de parcours, que ton univers est sombre !

O homme, comme tu rejettes la complémentarité,
Laisses-moi te soumettre au droit de la femme,
Aux organismes de protection, riches en loyauté,
Même à l'église, excellente cour suprême !

Monde, entends mon cri
Et enseigne les hommes à aimer !

CONSEIL D'UNE MERE A SES ENFANTS

Enfants, juste un mot d'amour,
Bâton du pèlerin pour votre parcours.
Ne l'oubliez pas,
Surtout ne le perdez pas,
Il vous guidera la nuit,
Et votre journée sera épanouie.

Mes enfants, la vie, c'est d'éloigner le mal,
De défier en vous cet animal,
Rendant déraisonnable, égoïste,
Lâche, traître, parasite...
De faire croitre en vous l'humanisme,
Autrement dit le don-quichottisme.

C'est alors que l'histoire se souviendra de vous,
Et vous épargnera des poux,
Afin que l'humanité voie la lumière,
Qui deviendra sa bannière.
Portez haut le drapeau de l'amour,
Pour vaincre à jamais les vautours.

J'ai fait de ce conseil un trésor,
Car, j'étais pour ma mère l'enfant d'or,
De grand prix, jamais égalée,
Enfant de cœur, étoilée,
Une consolation pour elle,
Presqu'une ritournelle...

Faites de ce mot un socle,
Un piédestal pour vos clés,
Une couronne pour vos têtes,
Une musique douce pour vos fêtes,
Car, des bons pères...
Car, des bonnes mères...

Mes garçons, aimez vos femmes,

N'usez pas de votre extrême virilité comme de coutume,
Les hommes, forts physiquement,
Mais faibles spirituellement,
Mille hommes se sont trompés pour une femme…
Je pars bientôt, mais je vis dans votre dame.

A vous mes filles,
Qui désirez des béquilles,
N'imitez pas les choix des autres,
Faites de vôtres du vin cher dans l'outre,
L'important, c'est qu'il vous soit personnel, judicieux,
Attention à tout « Surmoi » audacieux !

Voyez, je quitte ce monde portant l'amour de votre père,
Car, c'était convenu : ne peut nous séparer c'est la mort.
Lui seul m'a suffi,
Tel qu'il était, il avait su relever le défi…
Fidèles les uns, les autres,
Vous formerez une nouvelle génération des apôtres.

Soyez unis,
C'est le diable qui, toujours désunit.
Aimez la solidarité, la loyauté et l'hospitalité,
Haïssez la médiocrité,
Que le monde voie en vous l'immortalité ;
Et loin de vous la fatalité.

Usez pour tout différend le dialogue,
L'écoute active, précieuse pédagogue,
Une mutuelle tolérance,
Pour plus attiser la confiance,
Et aussi, la confrontation,
Sans opposition, plutôt épousez l'apposition.

Prières secrètes de l'enfant…
Une invitation au pays de notre enfance

« Car nous venons tous du pays de notre enfance »

Jacques Salomé

INTRODUCTION

Avoir un enfant. Quelle joie, d'abord pour les parents, la famille et la société entière ! Car, dit-on, « une fois né, l'enfant appartient désormais à la société entière ».
Avant sa naissance – pour certaines familles, sinon à la naissance pour la majorité, l'enfant mérite un nom. Ceci lui donne son identité, et aussi un programme de vie.

Rétrospectivement, l'enfant était précieux. Sa naissance était même planifiée : comment le nourrir, l'enseigner, l'éduquer, lui transmettre des valeurs. Ces valeurs étaient celles que les parents leurs avaient transmises depuis tôt. Qu'en est-il aujourd'hui ? Cette norme a-t-elle disparue ?

En effet, l'enfant est devenu un vrai casse-tête. L'influence des médias, des émissions télévisées, la publicité, les films de tout genre, les jeux vidéo, … sont moins négligeables. 24 heures sur 24, l'enfant est exposé à ces attraits qui, pour la plupart, sont trempés de violence et d'immoralité. On dirait même qu'il est interdit d'interdire…
L'enfant est maître de son temps, dira-t-on. Mais, soyons réalistes. Voyons autour de nous. Observons le comportement de nos enfants, n'y-a-t-il rien d'écœurant ? Où allons-nous et que deviennent nos enfants, surtout ceux vivant au pays de l'adolescence ?
A ce sujet, Marcel Rufo affirme que « l'adolescence est un processus d'autonomisation qui consiste à se détacher de ses parents pour pouvoir investir d'autres objets d'attachement. Néanmoins, les parents restent des figures majeures, à la fois points de repères et d'appui, et continuent à servir d'étayage, même si les relations changent et obligent à des réaménagements permanents, sources de tensions.[5] »

Sigmund Freud renchérit en termes d'un rétablissement des pulsions sexuelles perdues durant l'enfance. Il en conclut que ces changements apportent des troubles internes dans la vie de l'adolescent : anxiété, isolement, trouble et culpabilité.

Du reste, la théorie de Stanley Hall reprend l'idée d'un pont entre les années « sauvages » de l'enfance et la phase « civilisée » de l'âge adulte. On s'attend donc

---

5 UEMP, *Les nouveaux parents, derniers aventuriers des temps modernes ?* In Aimer et Servir, juin 2009, p.25.

que l'adolescence soit une période de turbulence, de passion, de souffrance et de rébellion contre le monde adulte[6].

Envers et contre tout, ne devons-nous pas proposer à nos enfants ce qui, depuis toujours fonde notre humanité ? Ou devons-nous affirmer passivement le profond constat de Jean-Jacques Rousseau selon lequel « l'homme est naturellement bon, mais la société le déprave ? » Essayons le contraire, relevons le défi.
Ainsi donc, si l'enfant est précieux pour nous, alors sauvons-le des griffes de cet animal féroce qu'est l'actuel temps avec ses mœurs interpellateurs.

Eu égard à ce qui précède, « *Prières secrètes de l'enfant* » contient neuf textes poétiques - monologues intérieurs pour la plupart. D'emblée, ils deviennent audibles. Ces cris du cœur et de l'âme sont ainsi nommés :

1. Papa, maman
2. Mon papa…
3. Maman, la pourvoyeuse
4. Ma fratrie…
5. Chers enseignants
6. Chers aînés du quartier…
7. Papa imposé… Maman imposée… Belle-sœur imposée…
8. Société, ne sapez pas mon enfance !
9. Grandes montagnes, où sont les rocs ?

Pour ce faire, que les portes du pays de notre enfance s'ouvrent grandement pour laisser entrer les touristes nationaux et étrangers. Bon voyage, bonne méditation et découverte!

---

6 Melgosa, J., *Les adolescents et leurs parents*, Madrid, Editorial Safeliz, 2000, pp. 18-19.

PAPA, MAMAN

Un jour, vous parliez de moi,
Vous aviez décidé de concevoir.
Me voilà sur le divan utérin pendant neuf mois,
Et je suis né grâce au divin pouvoir.

Merci maman de me supporter dans toi,
Que de violences as-tu subit !
De fois, je mettais en danger ton toit,
Mais, tu m'aimais sans repus.

Maman, les premières années,
Tu subiras plus que papa.
Tel le ciel t'a destiné,
Avant que tu ne te rassures de mes pas.

> *Mes désirs et attentes sont innombrables,*
> *Mes caprices et pleurs vous tourneront la tête,*
> *Mes non-dits vous rendront de fois incapables,*
> *Mais, c'est à vous que je m'adresse, pas aux bêtes.*

Papa, maman,
Tout comportement est un langage,
Même s'il pique comme du piment,
Interprétez-le sans faire du tapage.

Tenez compte de mes caprices et points forts…
De fois vos injures me déshumanisent,
Et vos fessées imméritées me causent du tort.
Que votre feu étranger se taise !

Néanmoins, ne devenez pas esclaves de mes caprices,
Satisfaisez-les tant que vous pouvez.
Je ne vous soumets pas à un supplice,
Le plus important c'est l'amour que vous me prouvez.

> *Papa, maman,*

Apprenez-moi à accepter vos manques,
Papa, maman,
Expliquez-moi que de fois pas d'argent à la banque !

Papa, maman, ne vous insultez pas en moi :
« Macrocéphale comme ton père ! »
« De gros yeux semblables à ceux de ta mère ! »
Quel conflit vous amplifiez dans mon Moi !

Faites de moi un homme digne,
Votre image incarnée,
Un sarment que l'on soigne,
Une somptueuse villa ornée.

Papa, maman, je tiens vos mains pour me dépasser,
Car il faut marcher, évoluer...
Vous tenez les miennes non seulement pour me bercer,
Mais une invitation du monde enfantin qui vous a beaucoup salué.

« Papa, maman, j'entends raisonner en vous
Cet enfant qui, autrefois
S'appuyait sur ses parents, sur leurs genoux,
Afin de leur témoigner sa foi,
Et en retour méritait leurs plus grands soins,
Avec les compliments de mille témoins. »

MON PAPA...

Mon papa, c'est plus que tous les métaux précieux,
Chaque jour sur ses cuisses je m'assieds,
Pour entendre ses secrets, mêmes les romans policiers,
Ces acteurs illusoires vivant dans les cieux,
Un monde à part, des personnages plus que gracieux...
Papa, c'est plus que tout don bénéficié...

Il passe avant tous les autres,
C'est un immeuble en vitres,

C'est presqu'un prêtre,
Jamais piètre,
Toujours humble, même dans ses épitres,
« Mon cher fils ou Ma chère fille », ses seuls titres…

Mon papa, plus que poète…

Me décrire mieux que moi-même,
M'aimer plus qu'une pomme,
Me soulager mieux qu'un baume,
M'éblouir comme une flamme,
Me valoriser comme une dime,
Mon papa, à chaque instant, mon cœur l'acclame.

Que d'affection témoignée,
Des jouets, des sucreries, des brochures,… alignés,
Mes manquements toujours soulignés,
Et du filet de l'oiseleur toujours épargné.
Mon père sait m'accompagner…
Jusqu'à preuve du contraire, un architecte comme l'araignée.

Mon père sait me faire un paradis…

Il est irremplaçable,
En tout capable,
Le secours des faibles,
Une eau limpide – potable,
Du reste, une invitation à table.
Mon papa, une bibliothèque de Bibles…

J'aimerais encore plus pour mon père,
Mon modèle d'identification, mon repère :
Qu'il soit un président de la république salutaire,
Attendu à la télévision – populaire,
Pour annoncer des solutions contre la misère.
Comme le temps, qu'il demeure…

« Car un père pauvre, aimant, ici présent vaut mieux qu'un père milliardaire, jamais vu ni songé, et n'existant que par des on-dit. »

MAMAN, LA POURVOYEUSE

Maman,
O sublime maternité,
Emblème de la simplicité,
Don de soi, pieuse bonté,
Icône de la fidélité,
Intarissable humanité…

Une semence aux doux fruits,
Une horloge jamais failli,
Jamais trahie,
Harmonieuse sans bruit.
Toujours en forme, jamais vieillie,
Et des sentiments nobles son cœur envahi.

Maman,
Terre fertile incontestable,
Neuf mois dans ton utérus, que c'est louable !
Et quelle communication inimaginable !
Le divan de ton ventre plus que préférable,
Dire inséparable… C'est plus souhaitable.

Ton intimité partagée,
Faisant de moi un trésor protégé,
Dans tes bras d'amour engagé,
Comme le chemin du prince dégagé,
Et des messages d'accueil propagés,
Pour des attentes profondes, à ne pas déloger.

Maman,
Quelle partie en toi n'ai-je pas naviguée ?

Tu me disposais de tes seins,
Des regards tendres avec sourire,
Des contacts peau à peau, quel beau dessein !
Ton dos, ce fleuve en silence vogué,
Tes cuisses, atelier pour tout me dire.

Et, tu m'as nourri de toi - ton lait,
Formule unique, jamais révélée,
Aussi des richesses rarement dévoilées :
La toilette intime - rudiment à ne pas voiler !
Un langage approprié, barboté ou parlé ?
Une marche assurée, mieux que celui du roitelet.

Ta culture,
Suprême magistrature ?
Abas l'inceste ! – Vilaine bavure,
Me faire porter le pagne – magnifique parure,
Me tresser les cheveux – traditionnelle signature,
Chants, contes de chez nous – riches pâtures.

Maman, la pourvoyeuse,
Quand ta fondation finie, te voilà joyeuse,
Me voici au bon soin d'une maîtresse courageuse,
Une autre toi-même, loin d'être tapageuse.
Mais, au départ te quitter, une affaire rocailleuse,
Une histoire dérangeuse…

En bref, tu m'accompagnais,
Jusqu'à la vie adulte gagnée.
Ta présence en gras soulignée,
La prunelle de tes yeux témoignée,
Dans ton cœur épargné,
Et dans tes pensées soignées.

Maman,
Savoure l'humanisme que tu m'as communiqué.
Comme un drapeau flottant,
Sois témoin de ta fidélité – ne sois pas paniquée !

Sois couronnée reine de la félicité en tout temps.
Je t'aime maman,
Que ma voix dépasse les montagnes, car tu es charmante !

« Par toi maman et mère, la terre de mes ancêtres me réserve une parcelle.
Ton placenta enterré, à la suite de tes multiples gémissements, demeure une anticipation à mon retour sous terre… Merci maman ! »

MA FRATRIE…

Quelle grâce d'avoir des aînés !
Une fleur vivante, jamais fanée,
Marcher sur un chemin tout tracé,
Des poteaux indicateurs bien placés…

C'est le concert gratuit chaque jour,
La randonnée interminablement merveilleuse,
La lumière douce de l'abat-jour,
La danse romantique aux bras de la pourvoyeuse…

Mais trop souvent, je subis des revers,
Un met amer, vilaine saveur,
Petit bonhomme à éviter : presqu'un ver,
Sinon, à la réunion, un divers !

Que de violences de la part des aînés,
Un actif important au fil des années :
Des messages de violence,
Au diable toute clémence !

On m'étiquette d'emblée d'idiot,
Comme un comédien sur bande vidéo !
Des passages à l'acte antisociaux,
Des coups de massue jugés partiaux…

Souffrir seul ? Le chat, mon bouc-émissaire,
Avant tout contact avec monsieur le commissaire.

Pas à moi de me faire mercenaire,
Je ne braverai guerre ma vocation d'humanitaire.

Mes aînés me veulent pour leur esclave,
Le prolongement de leurs pieds.
Et, s'il m'arrivait de m'isoler sur une enclave ?
Aurai-je une mise à pieds ?

Sinon, je deviens le prolongement de leurs mains :
« Prends ceci, dépose-le là-bas ! »
« Sors de grand matin, n'oublie pas le chemin ! »
Enfin de compte la cruche tomba…

Vous aimez que je sois votre machine à commander,
Mais pas à penser : « pas de conseils à nous prodiguer ! »
Pas de motion à amender,
Par conséquent, pas de cerveau à naviguer.

Mes frères et sœurs,
Si vous m'appreniez à pêcher,
A chanter en chœur,
A débroussailler, labourer et bêcher…

Si vous m'appreniez à réciter :
« Le faux malade »,
Afin de lui masser la pommade,
Aussi « La cigale et la fourmi » réputée…

« Chers aînés, au fond de moi vibre un chant :
Celui du pèlerin noctambule traversant le fleuve de la puberté,
Et perçant l'aurore, puis les rayons tranchants
De midi pour défier cette adolescence redoutée.

Car, je n'ai que vous,
Et vous n'avez que moi… »

CHERS ENSEIGNANTS

Quel noble métier qu'est celui d'enseignant !
Sacrificiel, cœur disposé, jamais répugnant,
Le dépôt de la science – un pari gagnant,
Le socle, le piédestal, un réseau « soignant »…

Dès les bas âges jusqu'à la vie adulte,
Que de générations éradiquées de tumulte !
Des années durant vous célébrez votre culte
Et combien est immense la récolte !

Paradoxe… Cher enseignant,

M'étiqueter d'idiot, d'imbécile,
Quel outrage, quelle désorientation vile,
Et quel vécu pénible, vachement difficile !
Est-ce me rendre docile ou indocile ?

Quel âge avez-vous ?
Quel niveau avez-vous pour avoir cette connaissance ?
Et quel est l'âge de votre expérience ?
Pour me traiter d'idiot, un peu fou !

Opposition ou apposition ?

Que de fois je ne mérite pas votre aversion,
Des punitions allant au-delà des motifs,
Comme pour m'assommer… est-ce votre mission ?
Etre enseignant, c'est être parent – démonstratif…

Et cet autre enseignant, vénal !
Vous corrompre en dehors du minerval ?
Comment serai-je responsable au final ?
Assurerai-je une relève judicieuse ? Normale ?

Egards aux enseignants…

Je pleure pour mes enseignants,
Je plaide pour mes formateurs,
Je mendie en leur faveur un traitement de valeur,
Consistant, jamais répugnant.

Si l'enseignant jouissait de son dû,
Plus de passage à l'acte irresponsable,
Plus de dossiers scolaires erronés, strictement défendus,
Plus de côtes sexuellement transmissibles.

> « *Si l'enseignant jouissait de son salaire,*
> *Plus d'abus et usage de faux,*
> *Et la science sans conscience attendrait en vain en enfer,*
> *Car il a tout ce qu'il lui faut !* »

CHERS AINES DU QUARTIER…

Un jour je mourais dans l'âme
Vu ce qui s'était passé pour une fille.
J'intensifiais ma flamme,
Pour ainsi semer la pagaille…

« Va allumer cette cigarette ! »,
Recommandait un aîné.
« Je n'ai pas d'allumettes »,
Rétorquait la petite condamnée.

> *Une gifle couronnait le débat,*
> *Pauvre mineure – engager un combat ?*

L'apprentissage des abus aux mineurs
Devient monnaie courante pour les aînés :
Dérober pour se faire battre et vivre son déshonneur,
Se faire manquer par une fille, lorsque la confusion a sonné.

Les petits s'exposent, les aînés se cachent,
Craignant des réprimandes sévères.

Ces pauvres âmes se font passées pour des lâches,
Et ensemble, ils subissent leurs revers.

Faire goûter au mineur une substance toxique,
A quoi ça rime ? Est-ce la bonne musique ?

Où sont passés ces aînés du quartier
Qui nous unissaient au lieu d'organiser des combats ?
« Sale fille ! Stérile avocatier »,
Disent les immoraux à celle qui refuse leurs avances sans débat.

Sinon, ils séduisent par ruse,
En se passant pour « grand-frère »,
Après, c'est la violence - le viol qui se diffuse.
Une telle manigance peut-elle plaire ?

La confiance s'efface,
La méfiance remplace…

Génération de bonnes mœurs,
Tout est passé avec vous ?
Pas de résidus – de grains de blé qui ne meurent ?
Le quartier se meurent, ne dis pas « je m'en fou ! »

Vous, aînés du quartier
Qui causent des actes antisociaux,
Désormais, votre sort est dans le mortier,
Pour avoir sapé vos devoirs moraux.

PAPA IMPOSE… MAMAN IMPOSEE… BELLE-SŒUR IMPOSEE…

Nous jouissions d'un climat familial harmonieux,
A son arrivée tout est bousillé – dédaigné,
Le conflit gouverne et le ciel nuageux,
Déjà s'abat une pluie de feu, marécageux…

Depuis, c'est le sauve qui peut,

Le chacun pour soi – vilaine mélopée,
La désunion imméritée,
Et le clivage chapeauté.

Papa imposé...

A son avis, nous sommes mal éduqués,
Des enfants sans repères, ballotés, qu'il faut éradiquer,
Il déteste notre regretté père,
Mais s'affole de la veuve – notre mère !

Il aurait dû nous accepter comme maman !
« Aimer la vie, aimer l'amour » cher papa aimant !
Maman a son histoire,
Et rien ni personne ne peut nous gommer dans son répertoire !

Maman imposée...

Alors qu'acteurs principaux pour papa,
Elle nous prend pour rivaux, maudit repas,
Des sorciers, des boucs-émissaires
A livrer au mercenaire.

Nous accusant de vouloir empoisonner son mari,
Mais maman nous a laissé au bon soin de son nouveau pari !
Nous lui sommes attachés, soumis et tout ouïe.
Il est et demeure notre papa et père, qui d'autre que lui ?

Belle-sœur imposée...

Nous séparer de notre frère, sublime souhait.
Pour faire de son amant presqu'un « jouet » ?
Oui, le bonheur, c'est d'être deux cœurs s'aimant,
Quel plaisir en vous ruinant ?

Jouissez de votre amour comme au paradis,
Seulement, n'oubliez pas que dimanche, lundi, ... samedi,
Sept jours pour faire une semaine,

De même, considère ta belle famille pour te faire reine !

Conséquences…

Des enfants « présumés sorciers » dans la rue,
Des délinquants presque nus dans la rue,
Des mineurs irrésolus à cause de l'effet dominos,
Des isolés familiaux, des marginaux…

> *« M'aimer comme l'objet de ses rêves,*
> *Pour sauver mon devenir.*
> *C'est ainsi qu'il faut m'aider,*
> *Afin d'oublier mes amers souvenirs. »*

SOCIETE, NE SAPEZ PAS MON ENFANCE !

Société, plus de pire forme de travail !
Pourquoi ne naissons-nous pas adulte ?
Pourquoi avoir des parents, frères et sœurs ?
Pourquoi ne naissons-nous pas avec une pleine connaissance ?

Pourquoi ces termes : nourrisson, enfant, jeune, vieux
Ne disent pas la même chose ?
Pourquoi entre en jeu cette gradation ascendante ?
Pourquoi y-a-t-il une interdépendance ?

Pourquoi commencer par se nourrir le lait maternel
Au lieu de la nourriture solide ?
Pourquoi commencer par s'assoir, marcher à quatre pattes
Avant de se tenir debout avec deux ?

N'est-ce pas qu'il y a des étapes,
Des paliers pour ma croissance et mon évolution ?
Pourquoi me faire sauter une seule étape de ma vie ?
Brûler les étapes, n'est-ce pas déconseillé ?

Société, ne sapez pas mon enfance !

Halte ! Plus de pire forme de travail !

Vous faites de moi un colis-porteur,
Avec de lourds fardeaux,
Me faire labourer un vaste champ – quel tracteur !
En outre, trainer un chariot de 70 kg ! – pauvre badaud !

Vous sacrifiez ma scolarité pour guider un aveugle !
Soit pour vendre au marché en attendant maman…
Comment serai-je important comme un aigle,
Si je comptais mes jours en rêvant ?

Si la scolarité était obligatoire,
La société compterait moins de mineurs insensés.
Et si la toilette intime n'était pas un tabou pire,
Bon nombre de fillettes ne souffriraient pas d'IST[7] avancées…

Aussi des grossesses occasionnelles,
Voire du VIH/Sida[8] fortement redouté.
Société, fais de moi ta ritournelle,
La prunelle de tes yeux, incontestée.

Donnez-moi la mesure qui me convient,
Donnez-moi le qualificatif qui me revient !

A chaque pied sa pointure,
A chaque assiette sa couvercle,
A chacun sa monture,
Pas à David de porter l'équipement de Saül, archaïque socle !

Le petit poisson deviendra grand,
Pourvu que Dieu lui prête vie.
Epargnez-moi, pauvre mineur, de la cour des grands,
Et ne me faites pas porter la barbe pour accéder au parvis !

---

7 Infections Sexuellement Transmissibles
8 Virus Immunodéficience Humaine/Syndrome Immunodéficience Acquise

Tenez compte de mes activités ludiques,
De mes prestances,
Sans équivalences…
Ces sentiments, pensées et actes sont pour moi classiques…

Ils ne sont pas vains,
Au contraire riches en signification,
Ils regorgent des messages profonds, voire divins,
Et aux spécialistes, une appropriée interprétation.

    « Au fond de moi vibre le désir d'un grand cœur…
    Car je suis cet autre vous-mêmes en devenir,
    Présent, successeur et héritier. »

Très souvent, les adultes veulent faire des enfants comme eux, mais eux-mêmes
n'osent pas faire une incursion au monde enfantin en vue de devenir un modèle
d'identification ! Les enfants ont besoin d'un modèle, d'un aîné qui montre un bon
exemple à suivre.

GRANDES MONTAGNES, OU SONT LES ROCS ?

    Le monde bouge, que de tumultes !
    De protestations, de grèves,
    De politiques de la chaise vide,
    Et l'unité, la cohésion se dissout.

    Sortira-t-il quelque chose de bon
    Lorsque la paix et la justice sont bannies ?
    Dans une société où sévit la guerre,
    Et les antisociaux impunis ?

    Ma famille se divise,
    Car papa est impayé,
    Victime de « délestages » de salaire :
    « Pas d'argent ! » seule devise.

    L'insécurité paralyse mes études,

Et je vis l'angoisse de tremper dans l'analphabétisme !

Le droit de l'enfant…
Comment aller à l'école en état de manque ?
Chagrins et remords à chaque instant,
La situation intenable me flanque…

Et lorsque les enseignants sont impayés,
Quelle misère et insécurité pour nous jeunes cerveaux !
D'une part, une génération de jeunes plantes endeuillées,
D'autre part, l'absentéisme à tous les niveaux.

Et que dire lorsque je suis malade ?
Pas d'argent pour l'hôpital, comme pour les études…
Pas d'argent pour les fournitures d'électricité et d'eau…
Pas d'argent pour le loyer en dollar – s'héberger au zoo ?

Au secours, chères grandes montagnes !
Priorité aux jeunes disciples de Montaigne !

« Du sommet à la base, soins aux plantules pour une société de demain fondée sur les rocs ! »

Cris de l'orphelin de la rue :

« Rendez-moi la vie ! »
« Société, tu pries pour rien ! A quoi bon tes dimanches !»
« Société, j'aurai voulu te porter plainte… !»

« Nous sommes ce que nous faisons.
Ce que nous faisons, c'est ce que l'environnement nous fait faire.»

John Watson

INTRODUCTION

Une petite histoire. Il s'appelait Fleming, c'était un pauvre fermier écossais... Un jour, alors qu'il tentait de gagner la vie de sa famille, il entendit un appel au secours provenant d'un marécage proche. Il laissa tomber ses outils, y courut et trouva un jeune garçon enfoncé jusqu'à la taille dans le marécage, apeuré, criant et cherchant à se libérer.

Le fermier sauva le jeune homme de ce qui aurait pu être une mort lente et cruelle.

Le lendemain, un attelage élégant se présenta à la ferme. Un noble, élégamment vêtu, en sorti et se présenta comme étant le père du garçon que le fermier avait aidé.

- Je veux vous récompenser, dit le noble. Vous avez sauvé la vie de mon fils.

- Non, je ne peux accepter de paiement pour ce que j'ai fait, répondit le fermier écossais. A ce moment, le fils du fermier vint à la porte de la cabane.

- C'est votre fils ? demanda le noble.

- Oui ! répondit fièrement le fermier.

- Je vous propose un marché. Permettez-moi d'offrir à votre fils la même éducation qu'à mon fils. Si le fils ressemble au père, je suis sûr qu'il sera un homme duquel tous deux seront fiers.

Et le fermier accepta.

Le fils du fermier Fleming suivit les cours des meilleures écoles et au final, fut diplômé de l'école de Médecine de l'Hôpital Sainte-Marie de Londres. Il continua jusqu'à être connu du monde entier. Le fameux Docteur Alexander Fleming avait, en effet, découvert la pénicilline. Des années plus tard, le fils du même noble, qui avait été sauvé du marécage avait une pneumonie. Qui lui sauva la vie cette fois ? La pénicilline. Comment s'appelait le noble ? Sir Randolph Churchill. Son fils ? Sir Winston Churchill[9].

Cher lecteur, eu égard à ce qui précède, combien de cris sont lancés dans le monde ? Hier, c'était Winston Churchill. Aujourd'hui tant d'autres dont les orphelins en général, de la rue en particulier. Entendons-nous leurs cris et angoisses ?

---

9 http://fr.f252.mail.yahoo.com/ym/showletter?2005

Il n'y a que nous pour leur « rendre la vie ». Et un jour, un plus grand que le noble Randolph Churchill nous dira : « Vraiment, je vous l'assure : chaque fois que vous avez fait cela au moindre de mes frères, c'est à moi que vous l'avez fait[10] ».

Par ailleurs, signalons que le terme « orphelin » est générique. Il ne s'agit pas tout simplement de l'enfant qui a perdu un parent ou les deux, mais aussi tout celui vivant dans la rue, en état de manque, ou vivant la castration parentale alors que ceux-ci sont bien en vie.

Pour ce faire, le message présenté dans cette brochure contient huit poèmes dont voici les titres :

1. *J'étais témoin...*
2. *Me voici dans la rue... !*
3. *La rue, destructrice...*
4. *Mon rêve d'antan*
5. *Je me retourne contre toi...*
6. *Réinsérez-moi !*
7. *Oser te porter plainte ?*
8. *Prière sécrète d'un orphelin*

Du reste, pour hisser et protéger l'enfant dans une perspective universelle, en annexe, dix articles de la déclaration des droits de l'enfant viennent joindre l'utile à l'agréable.

Osons aimer et aider... !

Excellente lecture et méditation !

---

10 La Bible, Matthieu 25:40, version semeur

J'ETAIS TEMOIN...

J'étais témoin…
Quand papa et maman divorçaient.
Trompés par le pingouin,
Leur amitié terrassée,
Tout s'effaçait.

La mésintelligence croissait tous les jours,
L'un et l'autre ne comptaient plus,
Le mal a vaincu pour toujours,
Et l'édifice tombait quand il a plu,
Sacrifié, je ne comptais plus.

La vie, quelle énigme !
Ils auraient dû éviter tout paradoxe !

J'étais témoin…
Quand papa rendait l'âme.
Tous ses soins maman supportaient du moins,
Hélas ! Sa belle-famille la renvoyait au bois infâme,
Rejetée, qui entendrait les cris de cette femme ?

Tous les biens partis,
« Maman n'a rien apporté », disaient-ils.
Souvenir indélébile, histoire condamnée à rester sans démenti,
Et le lien du mariage bafoué - inutilisable fil !
Maman, esseulée, démunie, rien ne lui est facile…

Société, quelle est la portée du mariage ?
Et où situer l'enfant ?

J'étais témoin…
Quand la guerre faisait rage.
Les armes crépitaient à tout raser - pas plus ni moins,
Quelle désolation ! Plus personne dans le parage.
Du sang… Rien que du sang ! Une maudite page !
Papa et maman succombaient,

« Pauvre mineur, laissez-lui la vie !
Continuez le ratissage, tout doit tomber ! »
Déjà, je mourais dans l'âme, l'effroi m'avait noirci :
« Mon Dieu, recueille-moi dans tes parvis ! »

Les affres de la guerre, on les sait très bien...
Comment en finir ? Pas de pacificateur ?

J'étais témoin...
Quand l'ouragan a tout dévasté,
Quand la tempête a tout démasqué,
Quand le cyclone a tout emporté,
Quand le volcan a tout offusqué...

Témoin, quand la nature grondait,
Quand sa fureur abondait,
Quand les morts, sur la terre, inondaient,
Quand le sentiment du néant débordait,
Quand l'homme diminuait, et de Dieu il dépendait...

Au-dessus de tout demeure un plus grand !
L'orphelin est perplexe...

Tout cela alimente mon angoisse de castration.
Moi, orphelin... ! Pauvre orphelin...
Faisant partie de la création...
Orphelin... Quel vécu vilain !
Orphelin...Oser faire la révolution ?

Dans le plus profond de moi sévit un conflit,
Des pensées, des questions, des images,...
Plus de souffle pour jouer ma flûte !
Donnez-moi le sens de mon énigme, vous les sages,
Avant de tourner les pages !

La vie de l'orphelin, c'est amère - la quinine...
Une expérience répugnante...

ME VOICI DANS LA RUE… !

Les traditions m'ont appris :
« Tout orphelin était pris en charge,
Par un membre de famille sans parti-pris,
Par toute la communauté - son siège ».

Là, il jouissait de tout :
La scolarité ou l'apprentissage d'un métier,
Sans oublier sa culture en tout et pour tout.
« Eloigner l'orphelin, c'est ce faire châtier…»

Devenu grand, responsable,
C'est l'oiseau qui prend son envol,
Portant le sceau de sa société - inoubliable,
Valeur qui le console.

Au moment venu la société récoltera…
La reconnaissance de ses bienfaits…
Un bienfaiteur s'ajoutera,
Déployant ses hauts faits.

Hélas ! La générosité se meurt,
La compassion devient sans passion,
Le rejet gouverne et demeure,
La haine et la violence font coalition.

Société, ouvre les yeux et vois !
Que constates-tu ?
Entends-tu la voix de sans voix ?
Comprends-tu le message des âmes abattues ?

L'innocent dans la rue,
Pour enterrer ses multiples talents ?
Les transformer en bombes, sur une charrue ?
Que des exemples, ô combien éloquents !

Société, vois ton mal en face !

Recours à ton authenticité !
Récupère cette bénie race
Pour jouir d'une infinie félicité !

Je suis rassasié de la haine,
La paix du cœur a tari,
La joie et l'estime de soi, vaines,
Et la douleur sans borne me sourit...

Sujet aux injustices innombrables,
Dévalorisé par tous, même ceux de la maternelle,
Me dit-on « brigand, sorcier, diable,... »
C'est la misère sans poésie - ma ritournelle.

Aucun n'est hospitalier,
Seule la rue me réserve « une auberge ».
Sans protection - des pieds sans souliers,
Des chagrins et remords devenus mon unique bagage.

Et pourtant innocent...
Etouffé par ce monde déshumanisé,
Vivre ! Il faut me vendre à cent !
Réponse mélancolique à cette société dite « civilisée ».

Moi, dans la rue !
Moi, orphelin ! Et dans la rue !

LA RUE, DESTRUCTRICE...

« Là-bas... » Où ? Ton adresse ?
« Là-bas », point de passage de tous,
Où rien de rassurant ne pousse,
« Demeure des tuberculeux ? - On tousse ! »
C'est en fait, le coin où toutes les agitations se passent,
Pour rien, on se tabasse...
Et après, on se casse,

Là- bas, dans la rue, c'est la pourriture,
Etrange magistrature !

« Là-bas », germe la kleptomanie,
Gouverne la toxicomanie,
Faisant danser toute la colonie,
Même en pleine Wallonie.
Toute notion de pudeur finie,
Toute civilité bannie,
On se lave dans la rivière « calomnie »…

Et le cerveau se vide…
La conscience devient morbide.

« Là- bas », exposé aux intempéries, - sans toit,
On parle en patois,
Sans ambages, on tutoie,
Que fais-tu, eh toi !
Et tout vécu on nettoie,
Des propos discourtois,
En outre, gros mangeur, plus que Gargantua…

Où m'abriter ? Moi, sans-abris… !
Ne dépendant rien que des débris… !

« Là-bas », règnent les maladies et infections sexuellement transmissibles,
Des comportements atypiques, indescriptibles,
Des actes de vandalisme indicible !
Des crises d'identité inimaginables…
« Mon chez moi », c'est misérable !
Autrement dit minable,
En réalité inacceptable...

La rue est hyper-destructrice,
Vilaine dentifrice !

MON REVE D'ANTAN

Quel enthousiasme aux côtés de mes parents !
Des merveilles, des beautés, des tourismes : trois par an.
L'avenir se dessinait, bien tracé,
Car au gisement d'or je me ressourçais.

Je faisais déjà carrière,
Avant toute barrière.
L'épanouissement m'épousait,
Et mon estime se diffusait...

Devenir responsable, voilà mon rêve,
Une plante riche en sève,
Que plusieurs profitaient de son ombre,
Me rependant merveilleusement comme le concombre...

Aussi, mes aptitudes et performances
Prédisaient une réalisation exemptée des doléances.
La vie en mieux,
Car sous le pommier...

> *Mon rêve se réaliserait-il sous le soleil ?*
> *Après ce revers sans pareil !*

Tout gisait comme un château de cartes,
Une nation sans charte !
L'avenir devient sombre,
Rien qu'un tas de décombres...

Et pourtant, je voulais être un docteur,
Un éducateur, mieux encore un pasteur,
Pour combattre la misère,
Comme mon père... !

Voyez mes tests auprès du psychologue,
Tous les détails dans son catalogue,
Preuve de mes riches et innombrables talents,

Sans équivalents…

Ce n'est peut-être pas encore trop tard,
Car la vie peut sourire de nouveau - comme aux bâtards,
L'important, c'est de ne pas être bavard,
Regarder devant soi et croire comme le canard…

> *Mon rêve d'antan, un souhait,*
> *Comme un enfant à côté de ses jouets.*

JE ME RETOURNE CONTRE TOI…

J'ai beau crier,
J'ai beau pleurer,
Tu n'as pas réagi - arachide grillée !
Pourquoi te plais-tu à m'égarer ?

J'ai beau faire des plaintes,
Sans me tendre ton oreille,
J'ai même usé des complaintes,
Sans impact, trop hautes sont tes murailles…

Ça suffit ! Prépare-toi à mes vengeances,
Exemptées de toute clémence,
Au diable tout ça, je crie « revanche ! »
Tu pries pour rien ! A quoi bon tes dimanches !

> *Société, tu récoltes ce que tu as semé :*
> *« Les dents grincées pour m'assommer ».*

Le mal reste le mal,
Jamais il ne revêtira la veste du bien.
Oser fausser une décimale,
Cher économiste, ça nous coûte combien ?

Ah ! Société, quelle vertu m'as-tu apprise ?
Rien du tout ! Dans la rue, tu crois me prendre en charge ?

Tes flatteries et manipulations, je lâche prise !
J'ai tourné la page… !

Désormais, note que la vie est sacrée !...
Voilà l'explication de mes violences.
Rejeté, mais au fond de moi raisonnait ce secret.
Hâte-toi de revenir de ta méfiance !

Je me retourne contre toi…
Ton indifférence, je n'en veux plus en moi !

REINSEREZ-MOI !

Dans la rue, que des railleries !
Dans la rue, que des « conneries » !
De passage, vos enfants rient,
Car devenu plus célèbre que le riz !

« Mais, je suis un homme, moi aussi ! »

Humanistes ! Réinsérez-moi dans la société !
Je voudrais revivre la gaieté,
Satisfaire ma curiosité,
M'enivrer de plus douces voluptés.

« Pour la vie saine, j'ai voté… »

Réinsérez-moi en famille !
J'ai horreur des chenilles,
Aussi des grenouillés,
Mais surtout des piqûres des abeilles !

« D'oser jouir du sommeil… »

Sinon, réinsérez-moi dans un atelier,
Pour apprendre un métier,
Devenir plus fort que le bélier,

Toute difficulté et tout problème liés !

« *Etre mendiant, c'est plus bête que le sanglier !* »

De grâce, ne m'enrôlez plus de force dans l'armée,
Ou me soumettre aux travaux forcés,
Car, c'est mieux m'armer,
Pour une vengeance proclamée !

« *Plutôt, je désire être couronné, diplômé* »

Ames bien nées, aidez-moi à gommer ce vilain statut,
« Enfant de la rue », quel parti ! - en plus têtu !
Toujours combattu,
Toujours abattu…..

« *Je revendique ma patrie - la rue abêtie !* »

Réinsérez-moi !

OSER TE PORTER PLAINTE ?

Société, j'aurai voulu te porter plainte,
Pour tout traumatisme subit,
D'oser abattre une jeune plante,
Quel délit et défi !

« Si ''Nations-Unies'' ne peuvent résoudre mon problème,
Alors le tribunal divin nous départagera ».
De grâce la cohabitation pacifique est mon emblème,
Tôt ou tard l'avenir me récompensera.

Néanmoins…

Ton mal à toi société, je restitue,
Je ne le mérite pas.
Le mal, c'est du poison, il tue,

Je ne peux donc le garder en moi, trop bas !

Tout ce que je désire, c'est d'être un modèle digne,
Un homme digne,
Un ambassadeur digne,
Un bon citoyen, fils du pays, digne…

Mon pardon, je te l'accorde,
Arrhes de ma miséricorde.

PRIERE SECRETE D'UN ORPHELIN

Le monde, c'est l'enfer !
Pourquoi suis-je né ?
Et quelle sera ma fin sur ce chemin de fer ?
Un seul monde Dieu nous a donné,
Mais l'homme l'a divisé en deux :
Les heureux et les malheureux,
Les uns dansent, les autres gémissent - ''tant pis pour eux !''
Solidarité, communautarisme - vieux jeux !

Les portes de l'au-delà s'ouvrent,
« Bienvenus les fatigués de la vie ! »,
Pour la plupart des pauvres,
Qui n'ont que quelques heures… Espérer une survie ?
Pourquoi subir un tel sors ?
Personne pour me comprendre, m'aimer et m'aider ?
Si je trouvais un ressort,
Je bondirai et du trou je m'évaderai !

Je suis un bidon vide au gré des vagues,
Pouvant servir à quelque chose,
Peut-être même venir en aide aux naufragés d'une pirogue,
Ou aux pèlerins du désert - d'y garder quelques doses,
Car l'eau est rare et chère,
Plus chère de tout, car c'est la vie.
J'aimerai être l'eau, pas un divers,

Pour qu'on tienne compte de moi en tout temps - un devis...

Je vis, mais je meurs au-dedans de moi,
Je veux, au contraire, vivre pleinement, richement,
Vivre un équilibre dans mon « Moi »,
Afin d'exploiter mes aptitudes et performances positivement
D'oser m'abriter entre les bras tendres,
Fixer mon regard sur un visage généreux, souriant,
Recevoir d'une main sans me vendre,
D'un cœur aimant, mais d'un tempérament variant.

Parler pour être entendu, bien me comprendre,
Bien me défendre,
Bien me rependre,
Et non pas me « pendre ».
Car, nous n'avons qu'un seul monde,
Une seule terre,
Même image avec le créateur qui nous sonde,
Le Dieu Tout-Puissant, notre Père.

Cris du réfugié...
Les entendez-vous ?

«J'ai eu faim, et vous m'avez donné à manger ;
J'ai eu soif, et vous m'avez donné à boire ;
J'étais étranger, et vous m'avez recueilli ;
J'étais nu, et vous m'avez vêtu ;
J'étais malade, et vous m'avez rendu visite ;
J'étais en prison, et vous êtes venus vers moi»

La Bible, Matthieu 25 : 35-36
Version Louis Segond

INTRODUCTION

A chaque circonstance, il s'avère important de dégager quelque chose d'utile pour soi et pour autrui.

Si l'appel d'offre lancé par le HCR-Kinshasa, et auquel nous avons été recruté comme agent recenseur, visait la ré-vérification des réfugiés angolais installés spontanés, curieusement, pour notre part, il s'en est sortie une autre réalité juxtaposée au but que cette institution s'est fixée : celle de faire entendre la voix du réfugié au-delà du document (VRF ou ATTESTATION) pour lequel il s'est présenté à un centre d'enregistrement.

«Cris du réfugié». Des cris qui se font entendre dans le silence, mais pourront aller le plus loin possible grâce à leurs échos.

Présenté dans un style poétique, ce message fait participer le lecteur, et lui fait vivre l'événement comme s'il se produisait ici et maintenant. Emotions, joies, peines et remords sont ainsi exprimés. Dès lors, le vécu d'hier trouve un retentissement d'actualité : c'est le présent dans le passé, et le passé fait une résurgence dans le présent.

A la différence, le présent vise un changement de mentalité et apporte un message d'espoir, thérapeutique : «L'automne vient…». A quelque chose, malheur est bon, dit-on.

Eu égard à ce qui précède, pouvons-nous croire à l'indifférence du lecteur après lecture de ce court métrage ?

Pas du tout! Car il a un rôle à jouer dans l'amélioration des conditions de vie de son prochain : grand-père, grand-mère, oncle, tante, père, mère, frère ou sœur, soit-il ou soit-elle.

Pour ce faire, à l'instar du film cinématographique, ce document contient les épisodes ci-après :

1. *Je ne savais pas…*
2. *Respect aux réfugiés*
3. *Chemin de fer*
4. *Si tu savais aimer…*
5. *Hymne à la paix*

6. *Mon pays là-bas*
7. *Paix sans frontières*
8. *Hymne du retour au pays natal*
9. *Mon tremplin*
10. *Reconnaissance au HCR*

Du reste, rien ne sert de formuler plusieurs souhaits, sinon qu'un seul : Laissez-vous, s'il vous plaît, embarquer à bord du bateau «cris du réfugié» pour savourer les délices de chaque épisode. Avec une attention soutenue, nous croyons fermement que vous ne quitterez pas votre siège sans avoir suivi le film dans son intégralité. Excellente lecture !

JE NE SAVAIS PAS…

Je ne savais pas qu'un jour
Je serai appelé réfugié,
Réalité jamais prévue, désormais un devoir.
Y répondre me donnera peut-être asile sous le figuier…

Terre ! Que tu nous caches bien des surprises !
Terre ! Ta superficie nous en dit plus…
Terre ! De toi que rien l'on ne méprise…
Terre ! Sous ton rythme l'on se plie !

Réfugié ! Moi, aujourd'hui «un réfugié» !
Comme l'est aussi mon prochain depuis hier,
Jamais pensé ni souhaité, car un vieux jeu,
Nous le sommes devenus – vivant ailleurs…

Terre ! Tu as soufflé une guerre !
Terre ! Tu as soufflé une catastrophe !
Pour faire de moi un réfugié, quelle misère !
Séparé des miens, de ma patrie – quelle apostrophe !

Exode imprévu,
Non désiré,
Vivant au dépourvu,
Presque ignoré… !

Je ne savais pas… !
Je ne savais pas… !
Qu'un jour viendrait… je quitterai…
Mon toit, ma terre natale, mes bien-aimés…

Aujourd'hui, c'est moi,
Demain, c'est peut-être ton tour,
Car nous sommes limités, crois-moi !
Souviens-toi des séismes, des cyclones, des guerres, du Darfour…

Que d'âmes généreuses abondent,

Pour venir en aide à ces vulnérables.
Leur donner l'espoir de vivre, de régner,
Croire qu'on peut devenir plus grand qu'avant :

Des bienheureux au lieu des misérables,
Des civilisés au lieu des ruraux traditionnels,
Des intellectuels au lieu des analphabètes,
Des indispensables dans la société au lieu des marginaux.

Car, nous ne savons pas ce que nous serons la minute qui suit.

CHEMIN DE FER

C'était une surprise quand soudain,
Un bruit infernal se fut entendre.
Panique ! Débandade… Comment manger mon pain ?
Rien, personne pour nous défendre…

Tourner à gauche,
Tourner à droite,
Mettre la main dans la bouche,
Regarder en haut – halte !

Non, il faut sortir, quitter et foncer,
Foncer où ? Partout où la vie luirait…
Quoi dire, qui dénoncer ?
Silence d'or… un jour tout finirait…

La vie, c'est aussi cela…

Pas de vision pour l'avenir,
Tout devient flou, seul le présent compte :
Quitter, pour sauver son devenir,
Fuir… En pleurant sans se rendre compte.

Sur qui se pencher ?
A quel saint se vouer ?

Chacun se contente de lui-même – fini le péché ?
Chacun pour soi, c'est avouer…

Rien qu'avec sa petite famille,
Si elle existe encore,
Car, pour beaucoup elle n'est plus… rongée par des chenilles.
C'est la misère, c'est le calvaire qui s'éclore.

L'errance, une parenthèse qui s'ouvre…

Chemin de douleur, c'est la mort en face,
Pieds gonflés, comment marcher ?
Mon corps se brise, quelle fatigue – pitié à ma race !
Déshydraté et affamé, pas de corbeau sur un arbre perché !

Comment étancher ma soif ?
Plus de manne du ciel – la générosité s'endort…
Quel vertige ! Ma tête s'échauffe,
De grâce, que je vive encore ! Que je vive encore !

Générosité aux pauvres femmes et nourrissons !
Que des bons samaritains s'élèvent,
Conduisent les sinistrés, compatissons !
S.O.S ! Des âmes en péril ! Sauve ! Sauve !

Chemin de fer… Qui peut compter nos larmes ?

Les uns tombent en chemin – maudit parcours,
Leur tombe, c'est inconnu… !
Des pleurs et lamentations – les seuls discours,
Sous un ciel sombre, tout est nu…

Guerre ! Tu nous a trahit !
Nature ! Avec tes punitions – un peu de clémence !
Nous sommes maudits,
Appauvris et errants, avec quelle apparence !

O nature ! Si nous t'avons offensé,

Pardonne, aie pitié ! Pitié !
Notre humanisme nous avions bêtement dépensé,
Désormais, compte sur notre amitié…

RESPECT AUX REFUGIES

Etre un réfugié, est-ce un vice ?
Un statut dévalorisant ou répugnant ?
Un motif de discrimination, d'antisémitisme ? ...
Alors qu'une expérience plus qu'enseignant !

Dans mon pays d'asile,
Que des rejets ! On fait fi de moi…
Etre réfugié, une expérience difficile :
« Que des conflits dans mon surmoi ! »

On se moque de moi dans mon quartier,
On se moque de moi en milieu du travail,
On se moque de moi, même au marché,
J'ai chaud – où trouver un épouvantail ?

Qu'on m'aide à faire savoir aux hôtes :
« O toi l'oiseau du ciel, porte mon message au loin,
Qu'on l'entende, qu'on le lise, qu'il franchisse les portes,
Et que le Très-Haut soit témoin.

Qu'en rien les frontières ne nous divisent,
Nous sommes tous frères, même Père,
Ce qui devrait d'ailleurs être notre devise !
Quelle que soit la race, vivant sur une même terre…»

Je suis réfugié, mais je quitterai un jour ce statut,
Car, ce n'est pas inné ni permanent, on le devient.
Paix et respect à ces âmes abattues,
Déjà leur nouveau printemps vient…

SI TU SAVAIS AIMER…

Si tu savais aimer,
Tu ne haïrais pas ton prochain.
Si tu savais aimer,
Tu dirais : « l'homme d'abord et non le chien ».

Si tu savais aimer,
Tu chercherais d'abord le bonheur d'autrui,
Si tu savais aimer,
Tu rebâtirais l'harmonie que ton égoïsme a détruite.

> *Aimer, c'est donner,*
> *Donner le meilleur de soi,*
> *Aimer, c'est donner vie à une vie,*
> *Sublime manière de prouver sa foi !*

> *Aimer, c'est pardonner sans cesse,*
> *Partager et comprendre à voix douce,*
> *Donner à autrui l'envie de ne plus être seul,*
> *Etant tous habitants d'une même parcelle !*

Si tu savais aimer,
Pourquoi te réjouirais-tu du malheur de l'autre ?
Si tu savais aimer,
Tu apprendrais à éloigner ta poutre !

Si tu savais aimer,
Pourquoi tuer ton prochain, la vie est sacrée !
Si tu savais aimer,
Tu chasserais l'amertume que ton cœur crée !

HYMNE A LA PAIX

Pourquoi mentir ton prochain ?
Détourner le bien qui lui appartient,
Voler sa vie et sa paix,
En te servant de l'épée…
Ah ! L'amour, c'est quoi ? Et sa mélopée ?

Vous qui commanditez un massacre,
Etes-vous différents d'autrui ?
Vous qui obéissez aux ordres immoraux, même les diacres !
En tuant, n'éprouvez-vous pas d'ennuis ?
Ah ! Est-il impossible de voir s'élever un « soleil » de minuit ?

De qui avez-vous la vie pour la tuer ?
Lui, le Maître, ne vous demandera-t-il pas de compte ?
Croyez-vous qu'il est aveugle et sourd des massacres perpétués ?
En supprimant la vie, avec préméditation et sans crainte…
Ah ! Que le bon Samaritain vous dompte !

Halte ! Ne tuez plus ! Pourquoi tuer ?
Si vous n'avez pas besoin d'autrui,
Commencez, vous-mêmes, par évacuer,
Vie aux pauvres truies !
Ah ! Si vous pouvez imaginer rien qu'un de vos doigts détruit !

Votre statut et rôle vous trompent…
Mais votre souffle n'est pas différent de celui d'un nourrisson…
Des milliers des conseillers vous corrompent,
Comme un refrain chanté à l'unisson…
Tant pis ! Seul, vous comparaîtrez devant Dieu de toute façon !

Enfants, jeunes et vieux sont invités à la chorale
Pauvres ou riches, blancs ou noirs, tous ont droit à la parole,
Au profit de la paix et de l'harmonie,
De la vie pour toute vie, abat la rougeole !
De la jouissance pendant la vie…
Ah ! Si tout le monde pouvait voir Dieu dans son parvis !

Crions-le sur les toits,
Sur les collines ou les montagnes,
Dix fois, cent fois, mille fois,
Pourvu que le message nous atteigne,
Nous accompagne…

De la campagne en ville…
De nos oreilles jusqu'à notre cœur…[11]

MON PAYS LA-BAS

Terre-mère,
Terre de mes ancêtres,
Terre qui incarne mon bonheur,
Terre qui oint mon sceptre.

Pays des montagnes, des collines, des vallées et plaines,
Pays du soleil levant et couchant,
Pays du vent si doux, si frais, pays où souffle la vie pleine.
Pays où le coq règne dès le matin par son chant.

> *Mon pays là-bas,*
> *Malheureusement…*

Dévasté par la guerre,
Dévasté par une catastrophe naturelle,
Car la paix a démissionné, quelle misère !
C'est l'heure du séisme, du volcan, du cyclone, de la pluie torrentielle…

Des décombres à la hauteur du mont Kilimandjaro,
Qu'aucune main d'homme n'a évacuées.
Plus de citadins dans ce pays, rien que des ruraux,
Mon pays s'est avili, son statut a diminué.

---

11 Tiré de notre brochure « Hymnes au Roi de gloire, Un parfum du cœur pour Jésus-Christ ». Section « Hymnes du pèlerin traversant le désert, les larmes… après la fête ».

Malgré tout, j'aime mon pays,
Mon pays là-bas...

Ni trop riche,
Ni trop pauvre,
C'est une colombe qui niche,
C'est aussi un semeur des poivres...

L'important dans ce pays, c'est vivre,
Etre chez nous,
Plus que libre, presque ivre,
Plus qu'heureux même en position à genoux !

Envers et contre tout, j'aime mon pays,
Mon pays là-bas...

Terre qui m'a vu naître,
Où l'on a enterré le placenta maternel.
Terre pour laquelle je crois renaître,
Faire une percée solennelle...

Terre où reposent mes chances,
Tous les secrets de ma vie,
Mère de toute ma joie et danse
Pour accéder au divin parvis.

Mon pays là-bas...
Je désire...

Revivre la rosée du matin qui me baignait...
Revivre le soleil accablant de midi...
Revivre l'environnement qui m'accompagnait
Même s'il a subi quelques métamorphoses – changement maudit !

Revivre l'arbre à palabre qui nous réunissait...
Revivre le son du tambour, du gong, culture ô combien magique !
Revivre la pure rivière qui nous blanchissait,
Revivre mon pays là-bas, plus que musique...

PAIX SANS FRONTIERES

Des mains qui s'embrassent,
Des regards qui consolent,
Des cœurs qui s'entendent,
Des rêves qui se réalisent,
Des pourparlers qui abondent,
Des armes qui se taisent,
Des exploits d'amour qui dépassent…

Pour un monde qui sourit,
Honte aux bévues !
Pour un enfer qui tarit,
Car d'âmes de plus en plus dépourvu,
Pour Dieu dans ses parvis.

Passer des pourritures morales
Aux monts et merveilles,
Des assassins aux pacificateurs,
Des ennemis à vie
Aux éternels collaborateurs,
Pour un ciel qui nous envie,
Car la terre a quitté son sommeil.

Non à la violence !
Oui à l'unité dans l'amour !
Pour la paix sans frontières !
Universelle danse… !
Parfait décor…

HYMNE DU RETOUR AU PAYS NATAL

Est-ce encore une lettre dans une enveloppe ?
Un message tenu secret comme un sceau ?
Un voile qui couvre la gloire du fils dans le berceau ?
Encore des incertitudes qui se développent,
Pour que l'espoir soit maudit comme les pourceaux ?

Et vivre sans poésie comme des vermisseaux ?

Finie la grossesse, l'enfant est né,
La douleur d'enfantement a démissionné,
Le rapatriement… La joie sans borne a patronné,
Tout vibre pour le voyage, remède efficace prôné,
Beau visage de l'enfant, sa tête d'or couronnée
Tout le système se dévoile, des fleurs environné…

    C'est le jubilé !
    Retour au bercail,
    Se gaver des cailles,
    Nos âmes consolées…

Le voile se déchire,
Les ténèbres ne finissent pas de fuir,
Et le soleil ne fait que luire.
C'est la communion pour mieux nous unir,
Un seul rêve pour mieux nous conduire,
Une seule vision, adieu les bévues qui nous déchirent.

Vivre au pays natal, le temps de la moisson,
A chacun ses innombrables poissons,
D'associer d'habiles maçons,
Des talentueux musiciens pour un agréable son,
Car il faut se réjouir de mille façons,
Sans perdre de vue que demain nous passons !

    C'est le jubilé !
    Un événement inédit,
    Comme loger aux divins parvis,
    Chantons la sublime mélopée !

Au pays, c'est le lionceau à côté de sa mère,
Qui oserait se mesurer face à ce tonnerre ?
Vivre au dépend de sa terre,
Oser oublier sans peines ses misères,
Pour briller plus que le diamant à chaque heure,

Des princes… Des gestionnaires…

Va dans ton pays ! Rentre sans peur !
Entonne tes louanges – outils ô combien libérateurs !
Et danse selon la recommandation de ton cœur,
Car ton grand jour s'est levé avec douceur,
Marche à travers la glorieuse lumière,
Et jouis de ton traditionnel parterre.

> *C'est le jubilé !*
> *La vie pour la vie,*
> *Une destinée épanouie,*
> *Un mystère psalmodié…*

MON TREMPLIN

Après le calvaire du coin inconnu,
Mon équilibre est quelque peu revenu.
Maintenant, une histoire commence,
Sans oublier sa démence…

L'oiseau du ciel m'a trouvé,
L'oiseau du ciel m'a sauvé,
L'oiseau du ciel m'a nourri,
D'emblée, j'ai souri.

Dès lors, que veux-je encore ?
Car ma vigueur se signale dès l'aurore…
Un tremplin pour me propulser au loin,
Et que les arbres de champ battent les mains en témoins…

J'étais analphabète, désormais intellectuel,
De païen, je suis devenu spirituel,
De piètre chômeur, désormais professionnel,
De sans-abri, maintenant responsable d'une parcelle…

Adieu la solitude !

Vive la solidarité – sublime complétude !
D'essayer d'oublier le « chemin de fer »,
Pour donner chance à mes talents de luire…

Que par mes ailes,
Je vole de zèle,
Et vivre l'expérience d'un dynamique tremplin,
Afin de témoigner combien les œuvres du succès sont pleines.

RECONNAISSANCE AU HCR

« Des vrais besoins
Pour des personnes bien réelles ».
Oui, tu m'as honoré le vingt juin,
Quelle fête solennelle !

Tu m'as cherché et tu m'as trouvé,
Pour me protéger, car connu de toi.
Sinon, qui serai-je, pauvre sinistré ?
Ton attention tu m'as démontré…

Comment ne pas crier : « Merci pour la compassion » !
« Merci pour l'amour témoigné » !
« Merci de raviver mon humanité avec passion » !
« Merci de cultiver l'égalité » – en gras soulignée…

UNHCR,
Je vois en toi un monde uni,
Un temple assaini,
Un peu comme l'Eglise Universelle,
Pour un but salutaire et une vie nouvelle.

En retour, qu'est-ce qu'un réfugié peut te donner, cher HCR ?
Rien du tout, sinon ma voix,
Mes mots sont simples, pleins de douceur,
Rassurants comme une étroite voie :

« Gravé dans mon cœur comme
Sur une planche en cuivre,
Un trophée en or sur ma pomme,
Prend-le, car tu m'as fait vivre ».

C'est là le prix Nobel de l'humanisme
Qu'un réfugié te décerne et t'acclame…

CONCLUSION

CLIN D'ŒIL DU VIEILLARD

On ne sait d'où vient le vent,
Ni où il va,
Ainsi, il en est de même souvent,
Que la mort nous surprenne,
Avec ou sans combat,
Peu importe qu'on la comprenne…

Mes jours s'en vont,
Rien ne les arrête.
Rien ne sert d'appliquer du savon,
Car, bientôt mon soleil s'arrête,
Pour qu'au-delà du voile,
Je sonde les mystères qui se dévoilent.

Mon bien le plus cher,
C'est de quitter ce monde car rassasié…
Même en contemplant ma chair,
Tout est bousillé,
Comme l'est ce monde,
Seconde après seconde…

Tout devient amer, stérile,
Oreilles bouchées,
Vision limitée, très vile,
Ames tranchées…
Cœurs fertiles pour les détours…
Le vent dans le discours.

Des conseils qui s'envolent,
Des nuages qui se cumulent,
Des malades qui s'enrôlent,
Des dettes qui s'accumulent,

Le monde, éternel paradoxe ?
Année sans équinoxe ?

Le vieillard s'en va
Quel souvenir lui laisses-tu ?
Des circonstances et actes qui le précipitent : « va ! » ?
Car les bonnes mœurs, ô monde, tu as abattues !
Le temps de la crise d'identité,
Et la violence chapeautée…

Le temps de la ravageuse prostitution,
Assaisonnée des danses obscènes,
La toxicomanie – véritable machine à démolition,
Et sapée par des conflits armés vilains,
Enfantant des conflits des générations…
Ce temps… quelle médiocre végétation !

On parle de la pédophilie,
De l'homosexualité,
De la nécrophilie,
Du lesbianisme, quelle insanité !
De la zoophilie…
Société, mais tu t'avilis !

Quel bilan et pronostic ?
Monde, où vas-tu ?
Que regorge ta logistique ?
Monde, où cours-tu ?
« L'enfant est maître de son temps », dira-t-on,
C'est d'accord ! Joue inlassablement du lionceau et chantons !

Quel héritage pour les générations futures ?
Quel gain à faire le mal ?
Et en quoi consistera ta signature ?
Pas d'histoires d'amour – seuil optimal ?
Ecoute cette maxime et saisi-la bien :
« Un seul rêve, un seul picotement : « le bien » ».

Le sage disparaît, mais sa parole reste,
C'est là ton héritage, ta sublime veste.
Ne rejette pas la voix du prophète,
Sinon, tu compteras tes défaites,
Plus de jours de fête,
Et le malheur passera en-tête !

Clin d'œil du vieillard,
Sur un balcon, non loin du bazar.

CONSEIL-ACTION

Aimer... Quand l'entourage te dévalorise, te marginalise et tente même de mettre fin à ta vie. Oser aimer et pardonner... A plusieurs reprises, dans différentes situations, l'expérience atteste que l'entourage, contre toute attente, reviendra à toi, te sera soumis et t'acclamera...

Prendre courage... Quand tout semble ne pas marcher. Oser comprendre que tout vient avec le temps. Tout n'est pas rose ni or. Et l'ambivalence n'existe pas en vain : jour – nuit ; naitre – mourir ; rire – pleurer ; joie – tristesse ; réussir – échouer ; gagner – perdre ; etc.
Oser ne pas fermer les yeux... Oser ne pas baisser les bras... Oser ne pas croiser les jambes... surtout, oser ne pas casser ta pipe ! Oser bondir d'un bon décisif en associant le divin qui est en toi.
Oser aussi compter sur autrui, être solidaire, en harmonie, pour bâtir un monde meilleur, plus grand qu'avant...

Partager... Oser mettre ensemble les différences... Oser comprendre l'opinion d'autrui, les cas échéants l'épouser... Oser ne pas te considérer parfait, complet, saturé, plutôt limité, incomplet et espérant d'autrui une nette complémentarité.
Oser ne pas faire une opposition destructrice, plutôt une apposition. Cette confrontation positive jettera en enfer la dévalorisation, la haine et la guerre que le silence volcanique aménageait.

Comprendre... Qu'il n'y a que soi qui soit réellement soi. Personne au monde ne pourra mieux te comprendre pour mieux t'aimer. Mais, oser ne pas sous-estimer autrui. Oser comprendre qu'il ne faut jamais penser à la place d'autrui, c'est farcir ta mémoire des préjugés, des idées irréalistes, voire des maux. Oser accepter l'apport d'autrui comme consistant. Oser monumentaliser la joie qu'on te donne, en revanche, oser comprendre que tu as plus à donner qu'à recevoir…

Croire… Tu as du prix… Oser ne pas céder au démon de la passivité ou de l'oisiveté. Tu « peux » si tu « veux » devenir grand. Oser éduquer ta bouche qui, souvent fatigue tes mains et pieds. Oser toujours garder en mémoire que toi personnellement, tu es unique, seul au monde. Oser donc te valoriser en t'affirmant. Tu n'es pas un produit fini, sans énergie, presque mort. Tu vis… tu as des rêves, des visions, des projets qui bouleverseront plus d'un. Entre en action pour les matérialiser. Ton environnement et ton monde t'attendent !

Ecouter… Oser ne pas faire la sourde oreille à cette voix intérieure qui te parle souvent. Ce monologue intérieur peut être plus qu'enseignant. Ton destin te souffle des desseins qu'il faut dessiner.
Dans le plus profond de toi s'entremêlent des cris, des désirs, des passions. Mais le plus important c'est d'oser comprendre ce qu'il faut faire maintenant, afin de faire ce qu'il faut faire après. Fais tout avec ordre, planification et loyauté.
Bannis de toi la loi du hasard, sois réaliste et non citoyen d'un monde virtuel, idéaliste et qui n'existe que dans tes rêves.
Très souvent, la voix du plaisir mène aux amers regrets. Tandis que la voix réfléchie et responsable valorise, ennoblit, car elle obéit à un jugement et une décision judicieuse.
Ta vie, ton avenir, ton succès et ton échec dépendent de toi…

Rebâtir… Quand tout n'est que vilaine décombre… Quand s'élargit un infernal désert… A tout problème concourt une solution, et à toute solution concourt un problème préexistant. Déploie tout ton possible, transforme et rebâtis ce qui était terni par le silence volcanique, la haine, la violence, la misère, la guerre, la mort, etc.
Oser croire que ton entourage t'est pour témoin. Tes œuvres lui sont comptés, d'emblée, de façon inattendue tu peux te faire nommer « Bâtisseur », « Bienfaiteur », « Ambassadeur ». Désormais une figure historique insérée dans les annales.

Oser écouter l'âme qui pleure…
Oser l'approcher pour mieux la connaitre…
Oser l'aider en la responsabilisant…

Oser unir tout le monde quelle que soit la race, quel que soit le sexe ; vivant avec handicap ou non...

Oser vivre ensemble... Demeurer ensemble... Ensemble pour toujours !

TABLE DES MATIERES

Du même auteur

Aux Editions Croix du salut

- Belle-sœur imposée… En cours de publication

- Terre ! Terre ! Terre ! Reviens au Seigneur ! L'arrogance, l'orgueil précèdent la chute, novembre 2015

- Au gré de vagues divines – Une vie centrée sur la dépendance totale à Dieu, octobre 2015

- Hymnes au Roi de gloire – Un parfum du cœur pour Jésus-Christ, mars 2015

Articles scientifiques

- Le rêve entendu par les chrétiens de la communauté évangélique du Congo (CEC/23ème ECC-RDC), Troisième trimestre 2015

- Rêves prémonitoires des femmes gestantes, Premier trimestre 2013

www.ingramcontent.com/pod-product-compliance
Lightning Source LLC
Chambersburg PA
CBHW031523270326
41930CB00006B/504

9 783841 619716